ODE ET CANTATE

A LEURS MAJESTÉS IMPÉRIALES ET ROYALES

NAPOLÉON Ier.

ET

MARIE-LOUISE D'AUTRICHE;

PAR C. M. MORIN.

A PARIS,

DE L'IMPRIMERIE DE MICHAUD FRÈRES,

RUE DES BONS-ENFANTS, N°. 34.

M DCCC. X.

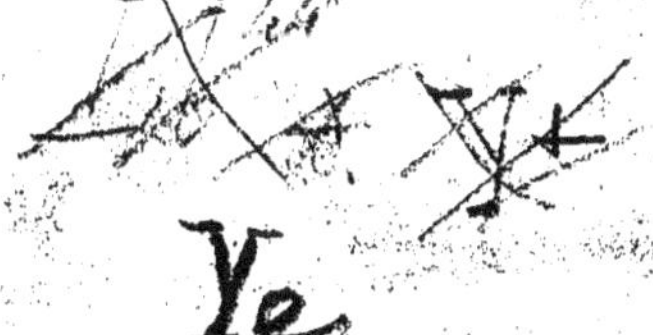

ODE

A LEURS MAJESTÉS IMPÉRIALES ET ROYALES

NAPOLÉON IER.

ET MARIE-LOUISE D'AUTRICHE.

———

Les cieux sont ouverts devant moi ;

Mon œil a pénétré leur profondeur immense :

Frappé d'un invincible effroi ,

Mon cœur a tressailli de crainte et d'espérance.

Admise au pied de ses autels,

Des élus du Seigneur la foule révérée

Redit les hymnes solennels

Que chantait le saint Roi devant l'arche sacrée.

ODE.

Comme un cèdre majestueux

Domine sur les pins de nos forêts antiques ;

Telle s'élève au milieu d'eux,

Une Vierge céleste, inspirant leurs cantiques.

Ses traits brillent de majesté ;

La palme du martyre orne sa tête auguste ;

Son sein, tendrement agité,

Est couvert de la croix, espérance du juste.

C'est toi, sainte Religion,

Qui, mouillant de tes pleurs la cendre et le cilice,

Ranimes la compassion

De celui dont on doit redouter la justice.

« Grand Dieu, seul maître des humains,

» Dit-elle, te verrai-je, épuisant ta colère,

» Frapper, de tes puissantes mains,

» Des fils que peut sauver ta pitié tutélaire?

» Suspends la rigueur de tes coups;

» J'abaisse devant toi mon front dans la poussière;

» Si je ne fléchis ton courroux,

» Puissent mes yeux jamais ne revoir ta lumière! »

» O ma fille! que dans ton cœur

» Un sentiment plus doux succède à la tristesse:

» Calme l'excès de ta douleur;

» Change tes soins pieux en transports d'allégresse.

» Atteints par mes carreaux brûlants,

» L'esprit séditieux, le démon de la guerre

» Tombent de leurs trônes sanglants :

» De leur joug odieux je délivre la terre.

» Vois les auteurs de tant de maux,   .

» Foudroyés, abattus, et, d'abîme en abîme,

» Rouler vers les bords infernaux,

» Séjour du désespoir, des remords et du crime.

» La paix sourit à l'univers ;

» La France a vu finir ses discordes funestes ;

» La France !... quels touchants concerts

» Annoncent son bonheur aux demeures célestes !

» On brûle l'encens onctueux;

» Les autels sont chargés de festons magnifiques,

» Et les flots d'un peuple nombreux

» Du palais de ses rois inondent les portiques.

» Déjà, les illustres époux

» Du temple de l'hymen foulent l'auguste enceinte ;

» Tous deux fléchissent les genoux

» Devant le Roi des Rois et sa Majesté sainte.

» Nouveau Cyrus, guerrier fameux,

» L'un ne doit sa grandeur et son rang qu'à lui-même;

» Vainqueur superbe et généreux,

» Il posa sur son front le sacré diadème.

» L'Épouse, sous ta douce loi,

» A mon culte épuré vit former son enfance ;

» Tu plaças dans son cœur la foi,

» La charité pieuse et la sainte espérance.

» Vole aux rivages admirés

» Que féconde la Seine, en sa course légère ;

» Resserre des liens sacrés,

» Et d'un chaste hyménée accomplis le mystère.

⁝

» De ce Monarque respecté

» Consacre, par ces nœuds, l'autorité suprême ;

» Et soumets ce cœur indompté

» Par l'attrait des vertus de l'épouse qu'il aime.

» Dispense, en ce jour solennel,

» Les trésors infinis de la grâce divine;

» Promets, au nom de l'Éternel,

» Des fils dignes en tout de leur noble origine.

» Je ne suis plus le dieu vengeur,

» Terrible en ses décrets, que la crainte environne;

» Je suis le dieu consolateur

» Qui pardonne lui-même, et qui veut qu'on pardonne. »

Les Cieux, du nom du Saint des saints

Proclament la splendeur et la gloire immortelle;

Et déjà de ces chants divins

L'éclat a retenti sous la voûte éternelle.

Bientôt l'astre brillant du jour

S'élance de sa couche ; il ouvre sa carrière ;

Heureux, avec des flots d'amour,

De verser les torrents d'une ardente lumière.

Grands dieux ! quelle profusion

De feux éblouissants !... Il s'élève, il s'avance :

O puissante Religion !

Il éclaire tes pas, honore ta présence.

Profond et saint abaissement !

Le peuple est prosterné sur le parvis du temple :

Mais, ô nouvel enchantement !

Ta grâce le rassure, et son œil te contemple.

Les temps d'épreuve sont finis;

Ainsi, de l'Éternel s'accomplit la parole:

Par toi les époux sont unis,

Du pacte avec le ciel mystérieux symbole.

Dieu nous prodigue ses faveurs;

La nature obéit à sa toute-puissance;

L'iris étale ses couleurs,

Et la terre se pare avec magnificence.

Comme on voit un furtif éclair

Se perdre en traits de feu sous la voûte azurée;

Telle, dans les plaines de l'air

La Vierge disparaît et vole à l'Empirée.

L'Univers n'est plus alarmé;

Il trouve le bonheur dans une paix profonde:

CÉSAR est enfin désarmé;

Il règne avec les lois, et rend AUGUSTE au monde.

Le peuple élève au ciel ses chants;

Au milieu des trésors d'une riche harmonie,

Il exhale ces vœux touchants:

« DIEU ! CONSERVE NOS ROIS ET REPRENDS NOTRE VIE ! »

Que ces accords religieux

Volent d'un pôle à l'autre, au couchant, à l'aurore;

Et puissent nos derniers neveux

Dans leurs solennités les répéter encore

CANTATE

A LEURS MAJESTÉS IMPÉRIALES ET ROYALES

NAPOLÉON IER.

ET

MARIE-LOUISE D'AUTRICHE.

INTERLOCUTEURS.

LA FRANCE.
LA GLOIRE.
L'HYMEN.
LE DESTIN.

CHŒUR DE PEUPLES.

<hr>

CANTATE

A LEURS MAJESTÉS IMPÉRIALES ET ROYALES

NAPOLÉON Ier.

ET MARIE-LOUISE D'AUTRICHE.

CHOEUR DE PEUPLES.

Il brille enfin ce jour
D'espérance et de paix, d'allégresse et d'amour ;
Un touchant hyménée
Des augustes Epoux unit la destinée :
France ! réjouis-toi ;
Chante : Dieu ! bénissez l'Epouse de mon Roi !

LA FRANCE.

O Marie !... à ce nom pour moi rempli de charmes,
Je bannis à jamais les plaintives alarmes ;

Et vous, légers Zéphyrs,

Au gré de mes désirs,

Portez loin de ces plages

Mes vœux et mes hommages ;

Pressez-vous sur ses pas,

Dissipez les frimas,

Et réchauffez les airs de votre douce haleine ;

La Reine des Français est aussi votre Reine.

CHŒUR DE PEUPLES.

Il brille enfin ce jour

D'espérance et de paix , d'allégresse et d'amour ;

Un touchant hyménée

Des augustes Epoux unit la destinée :

France ! rejouis-toi ;

Chante : Dieu ! bénissez l'Epouse de mon Roi !

LA GLOIRE.

Il doit à ses travaux des jours dignes d'envie ;

Oui, l'amour de la gloire a seul rempli sa vie.

L'HYMEN.

De la fille des Rois il possède le cœur;
Je prépare pour lui des jours pleins de bonheur.

LA GLOIRE.

Son ame maguanime, au séin de la tendresse,
De mes fougueux transports voudra goûter l'ivresse.

L'HYMEN.

Ce généreux Vainqueur, satisfait de son sort,
Au charme de l'Hymen cèdera sans effort.

LA GLOIRE ET L'HYMEN.

De ces nobles liens consacrons la mémoire;
Nos vœux seront comblés; et, fidèle à nos lois,
Nous verrons ce Héros obéir à-la-fois
A l'Hymen, à l'Amour, à l'Honneur, à la Gloire.

CHOEUR DE PEUPLES.

De ces nobles liens consacrons la Mémoire;
Nos vœux seront remplis; et, fidèle à leurs lois,
Nous verrons ce Héros obéir à-la-fois
A l'Hymen, à l'Amour, à l'Honneur, à la Gloire.

LE DESTIN.

Ces chants de la tendresse et ces hymnes pieux,

Avec des flots d'encens s'élèvent vers les cieux ;

Leur colère s'apaise, et la verge puissante

Qui frappa l'Univers de crainte et d'épouvante,

Echappe à l'Eternel et se brise à jamais ;

Il rend aux Nations l'abondance et la paix.

      Un gage heureux de sa clémence

      Est déjà promis à la France ;

Il naîtra cet ENFANT, issu du sang des Rois,

Ce Fils de son amour, cet Enfant de son choix ;

Il naîtra. . . . Quel spectacle à mes yeux se présente !

De Princes, de Sujets une foule imposante

Se presse avec orgueil autour de son berceau.

O miracle des temps ! quel prodige nouveau !

L'Enfant devient un Roi. . . . Sa profonde sagesse

Enchaîne des mortels la fureur vengeresse ;

Il fixe les destins de ce siècle brillant :

Fils de NAPOLÉON ! . . . tu seras cet Enfant. . . . .

      De l'éternelle providence

      Ma voix révèle les secrets :

Mortels ! bénissez sa clémence,
Et rendez gloire à ses décrets.

L'HYMEN.

Plus de troubles et plus d'alarmes ;
Cultivez, aimables Français,
Loin du bruit terrible des armes,
Les arts dont s'embellit la paix.

LA GLOIRE.

Beaux arts, doux charmes de la vie ;
C'est vous dont le culte enchanté,
Fait taire, avec le temps, l'envie,
Et mène à l'immortalité.

ENSEMBLE.

LE DESTIN.	L'HYMEN ET LA GLOIRE.
De l'éternelle providence	De l'éternelle providence
Ma voix révèle les secrets :	Sa voix révèle les secrets :
Mortels ! bénissez sa clémence,	Mortels ! bénissez sa clémence,
Et rendez gloire à ses décrets.	Et rendez gloire à ses décrets.

LA FRANCE.

Peuples ! dans ces moments d'une sainte allégresse,

Reprenez vos concerts, chantez avec ivresse :

Il brille enfin ce jour

D'espérance et de paix, de bonheur et d'amour ;

Un touchant hyménée

Des augustes Epoux unit la destinée :

France ! réjouis-toi,

Chante: Dieu! bénissez et MARIE et mon ROI !

LA FRANCE, LA GLOIRE, L'HYMEN, LE DESTIN ET CHŒUR DE PEUPLES.

Il brille enfin ce jour

D'espérance et de paix, de bonheur et d'amour ;

Un touchant hyménée

Des augustes Epoux unit la destinée :

France ! réjouis-toi,

Chante: Dieu ! bénissez et MARIE et mon ROI !

FIN.